太太先生③

全世界我最愛妳

馬修／著

太太，妳真的很偉大

還記得，當初結婚後，我和太太討論是不是要生小孩時，
太太告訴我，她很害怕進醫院生產，
因為怕痛，也恐懼進醫院的感覺。
雖然我很喜歡小孩，但我一直認為，
畢竟生育是女人承擔，也是女人去承受痛苦。
所以對於太太拒絕懷孕，我是絕對體諒和支持的。

而我當初也跟她說，其實，有孩子也好，沒孩子也好，
我們夫妻相處開心才是最重要的。
而在二年之後，因為太太從小就收養的小狗「雪碧」
因為一場意外，把牠帶走了。
我和太太都很難過，也哭了好多天。
也因為這樣，太太下了一個決定，她希望雪碧再來我們家。
所以她決定懷孕了！

很巧的是，在雪碧過世後的四個月，太太也懷孕了！
這個就是鵝子來到我們家的契機和緣份。

然而陪著太太懷孕的十個月，和辛辛苦苦生下的鵝子，
更讓身為男人的我，對於女人是更加的尊敬和愛護。

有時候都會覺得，如果是由我來生產，說不定都承受不住，
因為真的很辛苦也不簡單。

現在鵝子也二歲多了，越來越頑皮了。
照顧孩子是件辛苦的事，但也因為有他的存在，
讓我們一家增加更多的歡樂與開心。

這本是馬修的第三本圖文創作了，
還是想再次感謝，一直陪伴著鵝子成長，
也一直陪著我們一家人成長的你們！

作者簡介

馬修

自稱為喜劇演員的網路人氣插畫家，平日則是一般上班族，以及孩子的爸爸。因為想讓太太每天都開心，從交往第一天至今，一路畫了將近七年，從未間斷，也畫出了超人氣粉絲專頁。

Matthew

Contents 目錄

CHAPTER 02

男人，就是要這樣才對！

Contents 目錄

CHAPTER 03 當太太升級成媽媽

CHAPTER 04

大鵝子的逆襲

CHAPTER 01

女人，
就是要這樣才可愛！

謝謝妳～
謝謝你～

這樣的太太，很討人喜歡

別看我老是在插畫中揶揄太太，但馬修太太真的是很有耐性，脾氣也真的很好，也是我從交往到現在，最喜歡也最欣賞太太的地方。

另外，從前總覺得我的對象會是溫柔體貼、然後很會做菜、很文靜，比較嬌弱的女生！但是，太太卻是個很有個性的女孩子，也很活潑，該靜下來的時候，也能很文靜。

動靜皆宜的馬修太太，讓我們的生活加了很多樂趣，我真的很喜歡！

還有，她……力氣其實也不少，一點都不矯弱啊！做菜方面……其實也不太行。但是，沒關係，我跟她說：「做菜交給我就行啦！」畢竟現在都是雙薪家庭，當然不能把事情都交給女人做啊！

總之，活潑、不會做菜、力氣很大的太太，我很愛！

糊塗的很可愛

我沒看到～

我的黃色衣服你有拿嗎？

我沒拿啊…

是不是你收去哪了？

我想起來了
拿去洗了!!

玩捉迷藏

先生～請問你要找什麼？
我可以幫忙找喔～

我在找我老婆

太太很帥氣

腦公～喝點水～
你要不要吃什麼？我去買～
等等幫你全身按一按～
還有～你不要亂走動喔!!
有事叫我就行了～知道嗎?!

也是一種撒嬌

能說就是福

妳話怎麼這麼多
都不會講到累喔～

本座平時是不多話的
那是因為你有福份～
要懂的珍惜
知不知道!!

只有太太願意

破音字

最近好冷喔…
我們要不要出國
去東南亞避冬啊…

OK啊～

真的嗎?!
!

Baby～
是不是溫暖了!!

沒事多喝水

腦公～喝水

腦婆～妳對我真好
謝謝妳～

快點喝完喔！
我才能裝紅茶！

夫妻的日常

跟你說喔～
我今天工作好順利
然後發票中了二百元
還有人幫我牽摩托車
今天一整天好開心喔～

你今天過的如何？

我今天喝了好多水喔～
去尿尿了10次，然後棒賽2次
還有清了很多鼻屎，然後…
我不是要聽你分享這些…

嘮叨都是因為愛

我不是故意嘮叨...
只是希望～
我們可以在一起更久

維他命

妳最近手腕還痛嗎？

最近還好～

你這幾天頭還痛嗎？

今天不痛了～

最近天氣很熱
記得多喝水喔～

好～
那妳記得多喝水～

這才是夫妻

麻麻帶你去外面逛逛
讓把拔打電動紓壓一下

麻麻工作很累～
把拔陪你去房間玩
我們不要吵麻麻喔～

成為妳的依靠

在家吃最好吃

太太一心多用

太太又在掃地

你剛是不是
在看美女!!

太太小鳥胃

無時無刻說愛

愛你

愛你

洗澡的時機

腦公真好玩

生活你的生活，才是愛

看到哪一集了？
呃!?壞人又出來了喔！
對呀！
壞人又出來害人了
真讓人生氣!!

這次在打哪隻龍啊？
這隻是絢輝龍
這次一定要刷到
牠出的寶物啊!!

女人的測試

太太玻璃心

腦婆～
妳前天幫我洗的衣服
有一件好像沒洗乾淨耶...

你嫌棄我了
你不愛我了
嗚哇哇...

啊！沒有啦～
我只是問一下
那...我馬上去洗！

暗自竊喜

最佳運動選項

增進感情四大招

第一招：牽牽小手

第二招：背後熊抱

第三招：人肉沙發

第四招：背著走路

霸氣的太太

偏心的太太

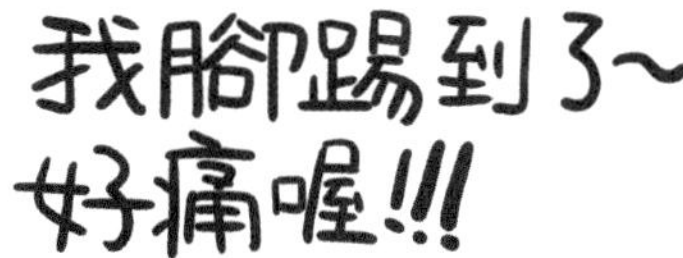

CHAPTER 02

男人，
就是要這樣才對！

我煮的…
真的…好吃嗎？
超…超級…好吃的啦～
你看我吃的這麼快
就知道了啊～

這才是正港男子漢

大家都說男生結了婚會變，我自己回想起來，覺得我在婚前婚後是沒太大改變啦！（但馬修太太怎麼想，我就不清楚了！）如果真的要說有不一樣的地方，我想應該是我的肚子吧！變的更大、更肥了！

比方說，我從交往第一天到現在 7 年多，每天一張畫送給太太，其實也代表著我對她的心意，以及不變的愛。除此之外，小孩剛出生的那段時間，晚上、凌晨需要親餵鵝子的時候，我一定會起床一起陪著太太。

雖然親餵是媽媽的責任，我好像也幫不上什麼忙，但是，我覺得陪伴她，就是我對她的用心！

要說我覺得最帥氣的、男人最該做的事情，就是這些了！陪伴以及永遠記住自己給的承諾！

體貼，不用妳說才做

今天雨也太大了吧…
好多包東西要拿
又要帶鵝子上樓
還是打電話
叫腦公下來幫忙好了

不必打了！
我早在樓下等你們5分鐘了啦～

還是要妳當我太太

絕對不會！

我會直接馬上
把妳娶回家當老婆！

太太多睡一點沒關係

就這樣過了二個小時

呃?!
我睡二個小時了喔
你怎麼没叫我

想說讓妳多睡一會
還有那個...
衣服我折好了啦~

才不是為了關燈

腦婆妳要的東西
我幫妳買回來了喔～

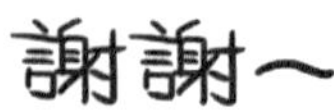

現在每個粉絲看到我為妳做任何事
都以為我是為了關燈
其實我根本不是那種人啊～
妳說是不是～

那幫我買東西的獎勵
是關燈，你要不要？

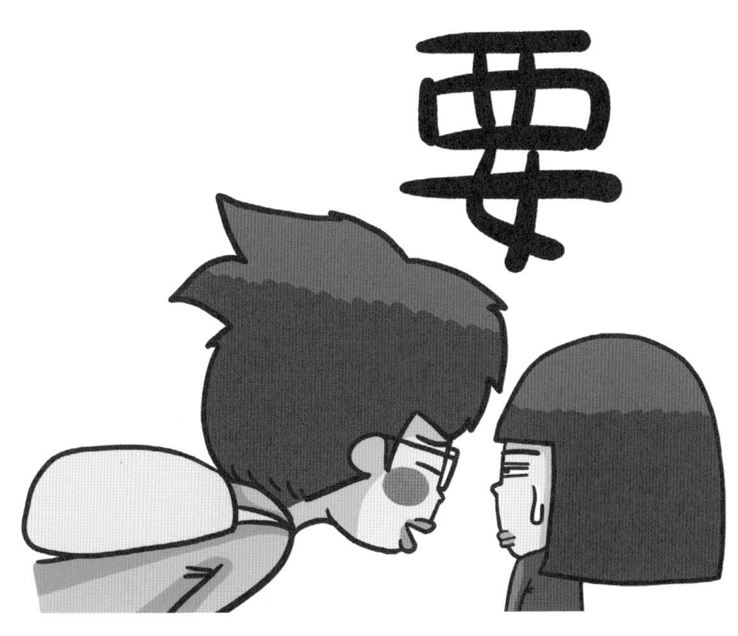
要

我的手不是我的手

後來手是太太的

現在手是家庭的

有些事情，不能忘

不忘記給你抱抱

不忘記牽著你的手

不忘記每天一個 Kiss

每天都要充電

我在充電

休息的必要

不要！不要！不要！

騙妳的啦～

一起吃才好吃

腦公～我要去買晚餐
要不要幫你買
你愛吃的鹹酥雞？

可是我感冒還沒好
不能陪你吃～
咳咳咳！

那不要了！沒有妳陪我
什麼都不好吃了!!

我有黑占吃不下耶
妳想吃嗎？我去幫妳買啊～

腦公～
你想吃鹹酥雞嗎？

可是就是想要和你一起吃
才會覺得好吃啊～

太太的脾氣

臉很臭的太太

我記得妳平常
脾氣也不好啊～

買東西給太太

看起來好好吃！
找時間帶腦溡吃～

好美喔～
以後一定要帶腦溡去玩！

買來唬赤太太

獨家撩妹招

請多多指教

2018年有噪不好或讓妳生氣的事
希望您大人有大量，不要放在心上

2019年
再麻煩妳多多指教
我也是～

唉喲
撞！
唉喲

太太想吃就不遠

輪流曬衣服

輪到我曬衣服時

輪到太太曬衣服時

最後都是我在曬衣服

不要再叮我了啦…
饒了我吧…超癢的…

親戚很多

但姨媽來了...

腦公休假日

是不是很開心～
我可以陪妳二個整天啊！

肉多多的好處

我先幫妳暖暖被

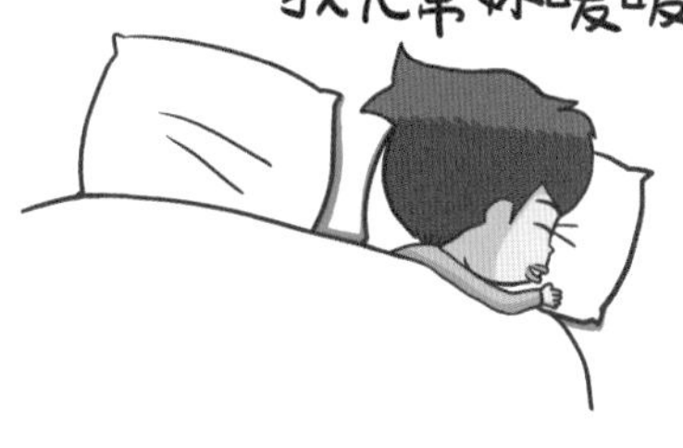

剛睡醒

熱水幫妳放好了
可以刷牙暖暖臉了

手會冷嗎？
肚肚讓妳暖暖手

好男人當如是

單身時，錢都自己用

交往時，存錢約會用

有家庭後，全部當家用

衛生紙和奶粉都買回來了~
晚一點可以去逛夜市
妳和鵝子可以買新衣服喔~

好腦公的假日

我是購物狂

太太最優秀

腦婆、妳真的很優秀
脾氣很好

長的又可愛～

尤其眼光超好
找到超棒的腦公!!

我們超有默契

有一種關心是 ......

飛快來到太太身邊

太太～今天很冷!!
來～外套穿著

當你想到對方時，他已經想到妳了！

男人要夠 Man

重物交給我

家事也交給我

小蟑螂!!

好Man喔!

還好啦~
小意思!!

男人的幽默

甜蜜的負擔

腦公～
你知道有鵝子之前和之後
你最大的差別在哪嗎？

我知道啦～
你是不是要講肚子！

甜蜜的付單...
（付帳單）

是以前你要養我
現在你要養我們

CHAPTER 03

當太太
升級成媽媽

女人潛力無窮

我覺得太太變成媽媽後，她變得更偉大了。因為一次要照顧兩個孩子：我和鵝子！

我還記得要帶著剛出生的鵝子出院的那天，說實在，我真的不知道要為他做些什麼？覺得自己像是隻無頭蒼蠅，很忙亂也很慌張。但太太卻是非常清楚，也非常有條理地，告訴我要做這個、做那個。到現在，我還是很佩服女人，因為我覺得，**女人，真的會因為孩子而變得潛力無窮。**

更讓我驚訝的是，有了鵝子之後，她很有耐性和好脾氣的優點，發揮的淋漓盡致，讓我對她更加的敬佩。因為我幾乎很少看到她對鵝子發脾氣，她總是好聲好語的跟鵝子說話，總是在鵝子發脾氣的時候，可以很有耐心地安撫鵝子。

我真的打從心裡佩服馬修太太！

帶小孩的日子

看別人的小孩總是感覺時間過好快。

自己顧小孩怎麼都像度日如年

常常食物熱熱的回來，然後冷冷的吃。

都是因為男人

女人很有氣質。

腦公你吃的東西掉下來了!!
會長螞蟻和蟑螂啦!!!!
還有你的衣服又亂丟了!!
鵝子!你的ㄋㄋ不喝就算了
也不要弄倒啦!!會弄的黏TT的!!
奶嘴和玩具別再亂丟了啦!!

直到遇見男人和小孩。

生完了…
還是有肚肚…

的確耶～

閉嘴!!
還不是為了你!

太太進化成媽媽

嗅覺能力提升了。

聽覺能力提升了。

觀察能力提升了。

鵝子快睡喔～

常常要哄小孩睡。

卻常常因為自己睡著而嚇醒。

願賭服輸

腦公～
要不要來個賭注
輸的人顧小孩一個月
有沒有種?!

來啊～沒在怕的!!
記得願賭要服輸啊!!
那我們要比什麼?!

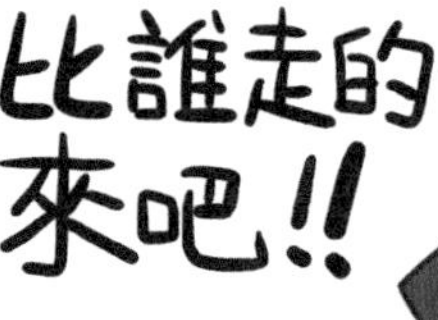

比誰走的快!
來吧!!

毛毛的

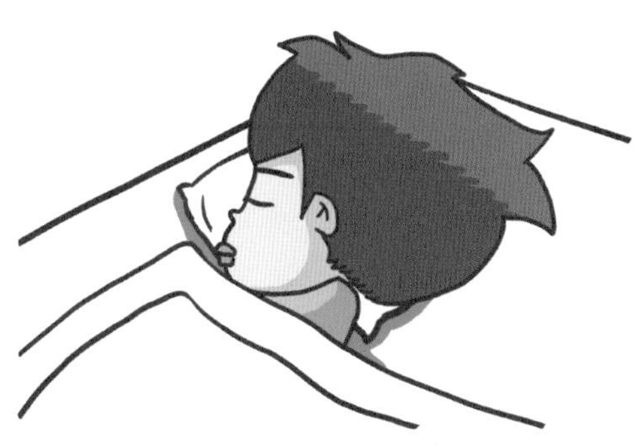

雙重標準

驚見鵝子碰掉手機

我鳥子～
你走路的樣子好可愛喔～
手機摔壞沒關係～
把拔會再買一支新的給麻麻！

晚上的怪聲音

新手父母必學技能

媽媽的直覺

終於哄睡成功了
呼～手好酸...
先放沙發讓他睡吧

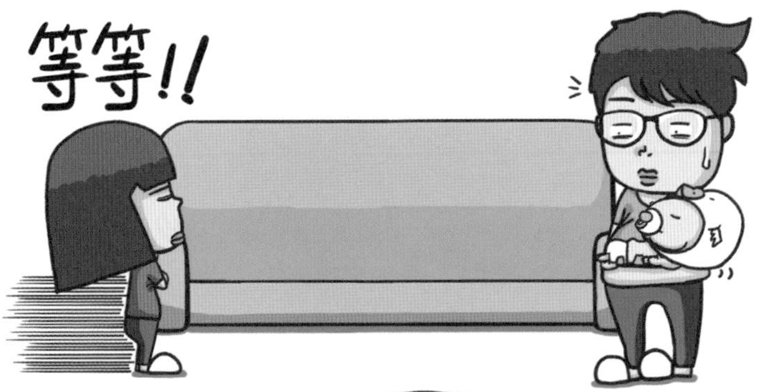

等等!!

20%
醒來哭
10%
醒來沒哭
10%
繼續睡
60%
馬上醒來
這是我的分析
請你考慮清楚

不能說

不能說!!

鵝子好乖

萬能的把拔

父親節快樂

這麼乖喔～好棒！

鵝子叫我跟你說
父親節快樂～

他還說…
你要一直寵愛老婆～
將來他才要孝順你喔!!

大小鵝子一起放電

都是為了鵝子

媽媽需要發洩

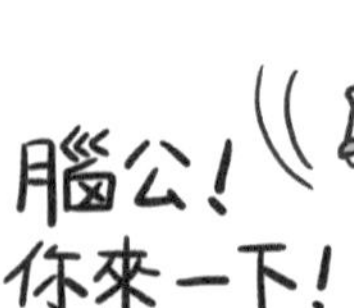

怎麼了？

好了好了
不要哭了～
腦公！
你來一下！

乖乖～不要哭了
麻麻秀秀～

你鵝子哭不停！
我快瘋了啦!!
用力

好了好了
不要哭了
趕快睡睡厚～
麻麻最愛你了！

舒服夠了!!

像媽媽還是像爸爸

帶小孩很輕鬆啦

放假玩一整天的PS4
是不是超爽啊!!

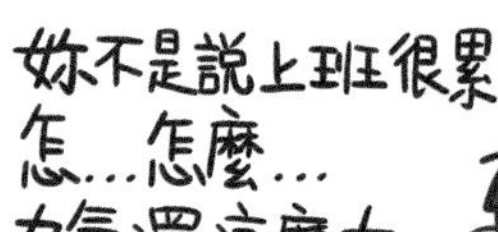

關於放假這件事

我是～
聯合國世界國際媽媽顧嬰組織
亞洲餵奶特別合作協會
台灣板橋嬰兒特別分部
育兒股份有限公司
董事長兼總經理
兼餵奶執行長

顧寶寶是很辛苦的!!

不是問你

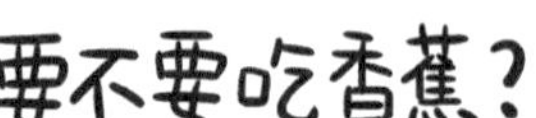

把拔的辛酸

你顧一天就好

我鵝子你怎麼一直哭呢？
是不是麻麻欺侮你
沒把你顧好啊～

那你來顧一天看看啊!!

爸爸日

坐著抱，罵罵號
艦長就來了！

然後我站起來，
艦長就安靜了！

最後，我也只能一直站著，
手也快廢了……

健康長大就好

愛上了他

媽媽變身復仇者

腦公～
我胸部好脹好硬喔!!

偶摸看看

幹嘛啦…
有怎樣了嗎?!
呃!!妳這個…

根本就是驚奇四超人
的石頭奶啊!!
可以加入復仇者
保衛地球了耶!!

敲可愛親子裝

走吧！出門了～

等一下！
我今天有幫你
搭配一套帥氣裝

有多帥?!

可愛！
好看！

等等...我再問一下
妳確定我這樣好看...?
出門不會被丟垃圾...

你變了

自從有了鵝子後
我覺得你變了!

沒有啊!我沒有變啊!!
妳在我心中~
永遠都是擺第一位啊!!

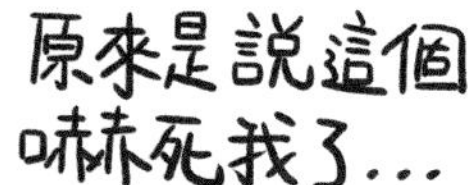
你變得更辛苦了
顧小孩很累~
原來是說這個
嚇死我了...

連作夢都累

有妳的春夢～

上班厭世才怪

星期一到了
又要上班了
好煩喔…

這有什麼好煩的!!

妳不討厭上班
那麼帥喔～

剛剛學校通知
已經有三名同學感染腸病毒
我鳥子停課一週!!
這才煩吧…

太太永遠最可愛

只要把拔

把拔

把拔

把拔把拔

把拔把拔

把拔把拔把拔
把拔把拔把拔
把拔把拔把拔
把拔把拔把拔

你鵝子不要我啊！
他就是要你唸故事書～
把拔
唸!!

CHAPTER 04

大鵝子的逆襲

大鵝子就是我

自從有了鵝子、當了爸爸之後，我最大的改變是，變得更懂的照顧別人了，也更懂得如何跟孩子相處了。

對太太是更加體貼和關心，因為生小孩對女人來說，真的是一件很辛苦、很辛苦的事。陪著她懷孕生產的 10 個月過程，其實都是心疼在心裡，所以對於生完孩子的老婆，只有越來越愛她而已。

難道就是因為這樣就變成大鵝子了嗎？當然不是啊！對我來說，**我很樂意當大鵝子，其實也是覺得這樣的稱呼很可愛啦，也就不小心的默認了！**

因為自己也是覺得男生嘛，總是像個大孩子一樣，這也是一種夫妻的情趣，而且擁有童心，才能跟小孩玩在一起，沒有距離啊！你說是不是？

腦公變成大鵝子

腦婆～我們什麼時候
要幫鵝子生個弟弟或妹妹？

我顧二個就夠累了
不想生三寶了啦!!

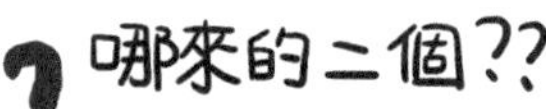

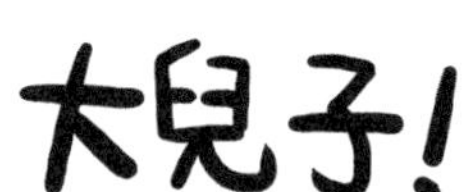

你為什麼總是聽不懂
麻麻說的話呢!!

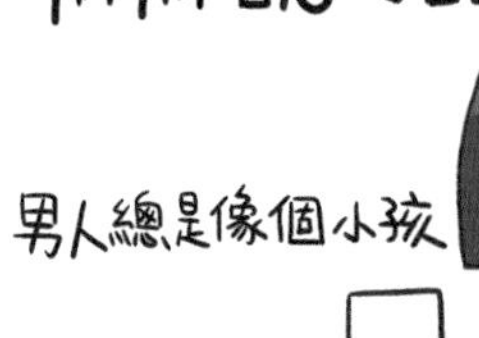

有時候，解釋一大堆……

倒不如直接道歉比較快。

大鵝子被勾引

小鵝子很興奮

鵝子很誇張
每次看到我回來
都好興奮~

看到妳回來
我也是超級興奮！

媽媽獨處時

腦婆~腦婆~
我鵝子的ㄋㄋ要泡多少?
他的衣服放哪?

一樣高囉

把拔睡很熱

腦公～
有新的啤酒耶
你要不要喝？

不了!!喝了酒容易想睡～
我鵝子晚上哭沒聽到怎麼辦？
把拔責任是很大的!!

有差嗎？
沒喝酒你還不是
一覺到天亮!!
你真敢講

Freestyle 育兒法

把拔的矛盾

有時候抱著孩子，手痠的很辛苦。

但是一天沒抱到他，心裡更痛苦。

我鵙子～
你好可愛喔～

小手小腳的
好可愛喔～

小屁屁也好可愛～
夠了喔

當太太抱小孩時

為了讓你多休息，我來抱鵝子！

為你穿鞋穿襪

為你抓癢癢

好不好喝啊~

餵你喝水

為你開關門

不能說男人小

對呀
超小der
真小啊
小小的
好小喔！

有完沒完啦！
夠了喔!!
男人最忌諱被說小!!

你看那寶寶
真的～ 好小好可愛喔～

原來…
是說鵝子啊…

太太與鵝子之爭

腦婆～有點飄雨了
妳快穿上雨衣吧！
免得"我鵝"…

嗯？！

我好像聽到
第一個字是我鵝耶！！
免得妳和鵝子
受風著涼了喔～
妳聽錯了
那是我打嗝啦

鵝子不睡

鵝子你為什麼還不睡啊...

你知不知道!
你的睡眠很重要!!

因為你睡覺
我才能關燈

一小時前

鵝子帶來的奇蹟

鵝子們的願望

是嗎？我不記得了
鵝子坐起來了!!
上一次是我去
這一次換你去顧了!
監視器

去過可以再去啊，妳離房間比較近
昨天我的次數好像比妳多耶!
而且鵝子想黏妳啊~
你是不是又想耍賴!!

他躺下去了!
太好了~
大家都不用去了!!

真真假假

從單身到結婚

單身時沒有包包

交往時有女友包

結婚後有老婆包＋媽媽包

單身時，時間都是自己的。

交往後，時間都是對方的。

結婚生子後，時間都是家庭的。

小孩的時尚

哈哈哈哈
那褲子好滑稽喔!!
是誰送的恩典牌啊~

哇!質料超棒的!
其實近看超好看的
這件應該是銷售冠軍吧!
有我的size嗎?
我也想要一件
真的超可愛的~

比中發票更棒的事

麻麻叫你

就是黏媽媽

把拔抱好不好?!

嗚哇哇哇!!

好好好～我抱我抱～

不是我不抱喔!!

把拔抱好不好?!

犒賞太太

腦海～
這陣子辛苦了
想帶妳去賞ㄟ
犒賞妳一下～

真的嗎?!是明年嗎?
是要去日本的哪裡?
我鵝子要帶去嗎?
自由行嗎?
你請客招待是吧?!

賞嬰

我是作業員

每天都要上百回，根本作業員人生。

防蚊必殺技

可惡的蚊子!!
很會躲耶!都找不到!
等等怎麼睡啊!!!
煩耶..

看來…
必須使出必殺技了!

蚊兒蚊兒~來咬偶吧!!
不要咬偶的妻兒喔!
快來吸飽飽吧!!

腦公不只要耐操

謝謝太太和鵝子，教會了我耐打和耐性

太太先生③
全世界我最愛妳

作者 馬修
編輯 徐詩淵
校對 徐詩淵、吳嘉芬
美術設計 劉錦堂、黃珮瑜

發行人 程顯灝
總編輯 呂增娣
主編 徐詩淵
資深編輯 鄭婷尹
編輯 吳嘉芬、林憶欣
編輯助理 黃莛勻
美術主編 劉錦堂
美術編輯 曹文甄、黃珮瑜
行銷總監 呂增慧
資深行銷 謝儀方、吳孟蓉

發行部 侯莉莉
財務部 許麗娟、陳美齡
印務 許丁財

出版者 四塊玉文創有限公司

總代理 三友圖書有限公司
地址 106台北市安和路二段二一三號四樓
電話 (02) 2377-4155
傳真 (02) 2377-4355
E-mail service@sanyau.com.tw
郵政劃撥 05844889 三友圖書有限公司

總經銷 大和書報圖書股份有限公司
地址 新北市新莊區五工五路二號
電話 (02) 8990-2588
傳真 (02) 2299-7900

製版印刷 卡樂彩色製版印刷有限公司

初版 二〇一八年十一月
定價 新台幣二五〇元
ISBN 978-957-8587-48-9 (平裝)

國家圖書館出版品預行編目(CIP)資料

太太先生3：全世界我最愛妳/ 馬修著. -- 初版. -- 臺北市：四塊玉文創, 2018.11

面； 公分

ISBN 978-957-8587-48-9(平裝)

1.婚姻 2.夫妻 3.漫畫

544.3　　107018806

廣 告 回 函
台北郵局登記證
台北廣字第2780號

地址： 縣/市 鄉/鎮/市/區 路/街

段 巷 弄 號 樓

三友圖書有限公司 收

SANYAU PUBLISHING CO., LTD.

106 台北市安和路2段213號4樓

「填妥本回函，寄回本社」，即可免費獲得好好刊。

四塊玉文創╳橘子文化╳食為天文創╳旗林文化

http://www.ju-zi.com.tw

https://www.facebook.com/comehomelife

【黏貼處】對折後寄回，謝謝。

親愛的讀者：

感謝您購買《太太先生3：全世界我最愛妳》一書，為回饋您對本書的支持與愛護，只要填妥本回函，並寄回本社，即可成為三友圖書會員，將定期提供新書資訊及各種優惠給您。

姓名 ________________ 出生年月日 ________________

電話 ________________ E-mail ________________

通訊地址 ________________

臉書帳號 ________________

部落格名稱 ________________

1 年齡
□18歲以下 □19歲～25歲 □26歲～35歲 □36歲～45歲 □46歲～55歲
□56歲～65歲 □66歲～75歲 □76歲～85歲 □86歲以上

2 職業
□軍公教 □工 □商 □自由業 □服務業 □農林漁牧業 □家管 □學生
□其他 ________________

3 您從何處購得本書？
□博客來 □金石堂網書 □讀冊 □誠品網書 □其他 ________________
□實體書店 ________________

4 您從何處得知本書？
□博客來 □金石堂網書 □讀冊 □誠品網書 □其他 ________________
□實體書店 ________________ □FB（三友圖書-微胖男女編輯社）
□好好刊（雙月刊） □朋友推薦 □廣播媒體

5 您購買本書的因素有哪些？（可複選）
□作者 □內容 □圖片 □版面編排 □其他 ________________

6 您覺得本書的封面設計如何？
□非常滿意 □滿意 □普通 □很差 □其他 ________________

7 非常感謝您購買此書，您還對哪些主題有興趣？（可複選）
□中西食譜 □點心烘焙 □飲品類 □旅遊 □養生保健 □瘦身美妝 □手作 □寵物
□商業理財 □心靈療癒 □小說 □其他 ________________

8 您每個月的購書預算為多少金額？
□1,000元以下 □1,001～2,000元 □2,001～3,000元 □3,001～4,000元
□4,001～5,000元 □5,001元以上

9 若出版的書籍搭配贈品活動，您比較喜歡哪一類型的贈品？（可選2種）
□食品調味類 □鍋具類 □家電用品類 □書籍類 □生活用品類 □DIY手作類
□交通票券類 □展演活動票券類 □其他 ________________

10 您認為本書尚需改進之處？以及對我們的意見？

____

感謝您的填寫，

您寶貴的建議是我們進步的動力！

【黏貼處】對折後寄回，謝謝。